AF250937

SUR LA FAMILLE

DE PILLART DE NAIVES

PAR

M. LÉON GERMAIN

NANCY

TYPOGRAPHIE DE G. CRÉPIN-LEBLOND

Grande-Rue (Ville-Vieille), 14.

—

1883

SUR LA FAMILLE

DE PILLART DE NAIVES

PAR

M. LÉON GERMAIN

NANCY

TYPOGRAPHIE DE G. CRÉPIN-LEBLOND

Grande Rue (Ville-Vieille), 14.

—

1883

RECHERCHES GÉNÉALOGIQUES

SUR LA FAMILLE

DE PILLART DE NAIVES

———

Pendant la seconde moitié du xvie siècle, la charge de prévôt de Pont-à-Mousson semble avoir été héréditaire dans une famille noble, du nom de PILLART, dont, à notre connaissance, aucun nobiliaire ne donne la généalogie. Elle fut surnommée DE NAIVES, par substitution, à la suite de l'extinction de cette ancienne maison du duché de Bar, et finit même par ne plus être appelée autrement; mais les deux familles ne pouvaient avoir nulle communauté d'origine.

Au nombre des motifs très variés qui nous ont fait entreprendre ces recherches généalogiques, l'un des moindres n'a pas été le désir de vérifier l'exactitude de différentes assertions émises par l'auteur de l'histoire de Sorcy (1), M. Dumont, assertions plus que dou-

(1) Dumont, *Ruines de la Meuse*, t. IV. *Sorcy.*

— 4 —

teuses et dont l'une renfermait une insinuation malveillante. Anne de Naives, disait cet écrivain, en parlant de la principale héritière de cette maison, « fut mariée à son parent Poincillon de Neyves, dit *Pillard*, Prévôt de Pont-à-Mousson. Ce surnom peu flatteur lui fut peut-être donné à raison de son habitude de marauder habilement étant militaire. Toutefois, il fut transmis à ses descendans qui le prenaient sans hésitation, ce qu'ils n'eussent pas fait s'il n'avait été honorable (1). »

M. Dumont eût dû sentir la nécessité de fonder sur des preuves solides cette appréciation relative à l'origine et au nom d'une famille dont les alliances furent des plus distinguées, et qui compte, de nos jours, par ligne féminine ou mixte, de nombreux descendants. Ces preuves n'existent nulle part ; nous croyons que s'il s'était appliqué à étudier, en nombre suffisant, les titres originaux et même les vieux nobiliaires manuscrits, M. Dumont aurait constaté les faits suivants qui lui ont échappé : les armoiries des deux maisons n'ont aucune analogie ; Poincillon n'a jamais pris le nom de *Naives* ; son fils, Didier, l'a quelquefois porté comme surnom ; enfin son petit-fils, Philippe, le dernier homme de la famille, l'adopta régulièrement, suivant en cela les usages de son temps. L'historien de Sorcy s'est probablement laissé induire en erreur par quelques titres où ce même seigneur est appelé *Philippe de Nefves dit de Pillart* (2) ; mais il fallait examiner de près cette bizarrerie, en

(1) *Ibidem*, p. 66.

(2) V. degré III : 9 oct. 1571 ; 17 nov. 1573 ; Comptes de 1572-73, 1589-92 ; et 1600.

ayant égard aux habitudes de l'époque (1), et reconnaître : que cette forme est une exception ; qu'à raison de son héritage maternel, Didier avait les meilleures raisons pour se nommer *Pillart de Naives ;* enfin que, dans un acte officiel, du 3 avril 1563, le duc de Lorraine avait admis « Didier de Pillard » à lui rendre hommage par son fils, « Philippe de Neüfves » (2).

Ce nom *Pillart,* ou ses collatéraux (Pillard, Pillardel, etc.) est très répandu en Lorraine. Au nombre des familles qui l'ont porté, on pourrait en citer trois qui furent anoblies (3), puis celles de *Nicolas des Pillart,* écuyer, prévôt, receveur et gruyer de Foug, marié à Jeanne Hurault, mort vers 1546, sans laisser d'héritiers (4).

Dans sa généalogie de la maison de Briey, Laîné a mentionné, incidemment, la famille Pillart de Naives, en ces termes :

« Une famille *de Pillart,* seigneurs de Gourcy (5) et de Saint-Martin en 1534, a été connue sous le nom *de Naives,* depuis 1577. Elle s'est alliée aux maisons de Gourcy, d'Avesnes, de Beuvange et de la Tour-en-

___

(1) Non seulement les noms de famille étaient souvent abandonnés pour d'autres, mais ils n'avaient aucune fixité, témoin les formes (qu'on trouvera dans la suite) : *Pillard, le Pillard, de Pillart, du Pillart,* etc.

(2) V. degré II. — Cf. deg. III, 6 nov. 1571.

(3) V. le *Nobiliaire* de Dom Pelletier.

(4) V. *Invent. somm. des Arch. de la Meuse,* B. 2253 à 2277. — L'auteur du poême sur la guerre des Rustauds, Laurent Pillard, qui était de Pont-à-Mousson, se rattacherait-il à la famille Pillart de Naives ?

(5) Lisez : « de Sorcy ».

Voivre, et portait : *d'azur à la croix d'argent, cantonnée aux 1 et 4 d'un croissant de même, surmonté d'une étoile d'or ; aux 2 et 3 d'une rose d'argent* (1). »

La description de ces armoiries est très conforme à celles que donne Husson-l'Escossois dans ses *Tables généalogiques* (2). Elle est confirmée, en outre, par les sceaux de Didier et de Philippe de Naives, que nous avons retrouvés dans les Archives de la Meurthe ; ils représentent un écu, aux armes ci-dessus décrites, chargé d'un armet, avec ses lambrequins ; on voit, au-dessus, un cimier qui, pour le premier, est une rose soutenue d'un croissant (3), et, pour le second, un cygne au naturel (4).

(1) Laîné, *Maison de Briey*, p. 49.

(2) Notes communiquées, d'après : Husson-l'Escossois, *Tables généalogiques des seize quartiers de diff. seigneurs des premières et principales maisons du duché de Lorraine*, ouvrage manuscrit, dont la Bibliothèque de l'Arsenal possède l'un des rares exemplaires connus. A l'article de Jean-Balthazar de la Tour-en-Voivre, les armes de Pillart sont ainsi décrites : « *d'azur à la croix d'argent, cantonnée, aux premier et dernier, d'un croissant d'argent, surmonté d'une étoile d'or ; aux deuxième et troisiéme, d'une rose d'argent.* » Et à l'article de Jean d'Einville de Guéblange, elles le sont de la manière suivante : « *d'azur à la croix d'argent, aux premier et quatrième à un croissant de même surmonté d'une étoile d'or ; aux deuxième et troisième, une quintefeuille d'argent.* » Dans l'*Armorial* ms. de Jean Callot (Bibl. publ. de Nancy), à l'art. du même Jean d'Einville, le dessin des armes de Poinsignon Pillart n'a pas été achevé, mais la croix y est esquissée (V. les *Recherches généal. sur la famille d'Einville de Guéblange* publiées par nous en 1879).

(3) V. à la fin du paragraphe consacré à Didier Pillart, la description du sceau de ce seigneur.

(4) V. degré III, 29 janvier 1599.

Nous croyons que Collignon Pillard, prévôt de Saint-Mihiel en 1500, appartenait à la même famille ; mais nous ne savons nullement quel degré de parenté pouvait l'unir à Poinsignon. C'est par lui que nous commencerons la généalogie, sans toutefois indiquer de degré.

COLLIGNON PILLARD, écuyer, prévôt de Saint-Mihiel, marié à *Lucie Xaubourel.*

En l'année 1500, dit M. Dumont (1), « Collignon Pillard » était prévôt de Saint-Mihiel.

Dom Pelletier nous apprend que « Collignon Pillard, écuyer, prévôt de Saint-Mihiel », épousa Lucie, troisième enfant de Pierre Xaubourel et de Marie de Salone. Pierre avait été anobli, ou plutôt reconnu noble, en 1481. « Cette famille, dit l'auteur du *Nobiliaire,* était une des plus distinguées parmi celles qui prirent des lettres d'annoblissement, non-seulement par la noblesse dont elle faisoit profession plus d'un siècle auparavant, mais encore par la considération qu'elle s'étoit méritée de la part de ses souverains. »

Collignon fut le père de

DIDON, qui épousa *Charles Vignolles,* écuyer. Cette famille, d'origine inconnue et dont les membres se qualifiaient écuyers dès l'année 1482, se fit confirmer dans sa noblesse en 1532 et en 1556 (2). Dans sa *Recherche des nobles,* Didier, dit Clermont, héraut d'armes, mentionne que, par devant lui, « vint en per-

(1) Dumont, *Hist. de Saint-Mihiel,* t. III, p. 116, et *Justice crim.,* t. I, p. lxxiii.

(2) Dom Pelletier, *Nobiliaire.*

sonne François Vignolles, écuyer, fils de nobles con-
joints Charles Vignolles, écuyer, et de feue Didon, fille
de feu Collignon le Pillard, en son vivant prévôt de
Saint-Mihiel, et de feue Lucie Xaubourel, sa femme » (1).

I. Poincillon ou Poinsignon (2) Pillart, prévôt de
Pont-à-Mousson (3), épousa *Anne de Naives*, héritière de Sorcy et Saint-Martin en partie.

D'après Jean Callot (4), Didier Pillart serait fils de
« Poincignon Pillard » et de « *Hellewy de Maize* (5) » ;
il est impossible que Didier n'eût point pour mère
l'héritière de la maison de Naives ; mais, peut-être
Poinsignon fut-il marié deux fois. D'après Husson (6),
« Poinsignon Pillart » épousa *N.* « De Nayves ». Il
s'agit d'Anne de Naives, que nous croyons fille de
« Ferri de Neyves » et de « Marguerite de Baudricourt » (7). Elle fut la principale, sinon l'unique héritière

(1) Dumont, *Nobiliaire de Saint-Mihiel*, t. I, p. 52.

(2) Ces deux prénoms sont des diminutifs de *Pons*,
qui a donné : *Poince, Poncelet, Poncin, Poinson*, etc. Ils
sont collatéraux de *Collignon, Eudignon, Forquignon,
Baudignon*, etc., venus de *Nicolas, Eudes, Fourques,
Baudes*, etc.

(3) Dans son *hist. de Sorcy*, p. 66, M. Dumont qualifie
Poinsignon « prévôt de Pont-à-Mousson », mais il ne l'a
pas fait figurer dans la liste imprimée dans sa *Justice
criminelle*.

(4) *Armorial* ms. de la Bibl. publ. de Nancy. F° 84.

(5) Les armes, simplement esquissées, représentent un
croissant surmonté d'une étoile d'or, ce qui ressemble fort
au blason de la maison de Sorbey.

(6) *Tables généalogiques....*

(7) Voyez Dumont, *Sorcy*, p. 66 et 68.

de la portion de Sorcy et Saint-Martin que possédaient ses parents.

Poinsignon Pillart et Anne de Naives eurent pour fils :

II. Didier de Pillart, écuyer, seigneur de Sorcy et Saint-Martin en partie (1), capitaine, prévôt et gruyer de Pont-à-Mousson.

M. Dumont le qualifie : « écuyer et seigneur du quart de la tour de Droitaumont ».

On remarque, dans la généalogie de la maison de Saintignon, le passage suivant ; s'il se rapporte au même *Didier* Pillart, il faudrait en conclure que ce dernier avait épousé, étant fort jeune, une dame nommée *Lucie*, dont il ne tarda pas à devenir veuf.

« Accaises des Armoises (2), Escuyer, Sr de Possesse en partie, est placé au commencement du Testament original de Dame Lucie, femme de noble home Didier Pillart, Ecuyer (*sic*), juré en la justice de Pont-à-Mousson, passé le 11 Septembre 1527, comme Capitaine, Prévost, Gruyer et Receveur du (*sic*) Pont-à-Mousson, et garde du scel dudit lieu de sa Prévosté (3) ».

Didier Pillart fut élevé, peu de temps ensuite, à la première magistrature communale. Le compte du receveur de la ville pour 1529-1530, fait mention d'une « somme donnée à Didier Pillart, maître échevin de Pont-à-Mousson », de l'ordonnance de Philippe de Gueldres,

---

(1) Jean Callot, *Armorial.* Cf. le *Dom Pell. annoté.*

(2) Didier Pillart fut le successeur d'Accaise des Armoises comme prévôt de Pont-à-Mousson, vers 1548.

(3) *Maison de Saintignon* (par Lionnois) ; 1778, p. cclxii.

veuve du duc René II, « pour distribuer aux pauvres pestiférés qui étaient jetés hors de la ville (1) ».

Dès 1534, Didier était remarié à Mariette de Gourcy, car, le 30 juillet de cette année, Gérard de Gourcy, pria son *beau-frère*, « Didier Pillart, escuyer, Sr de Sorcey », d'apposer son scel, à côté du sien, au bas d'un dénombrement ; les deux sceaux, en cire brune, existent encore (2).

Le 17 août de la même année, les deux beaux-frères figurent ensemble dans les trois actes suivants, au bas desquels leurs sceaux, en cire brune, sont encore appendus ; dans tous trois, « Didier Pillart » est qualifié : « escuyer, Sr de Sorcey et Sainct Martin en partie », et il requiert Gérard de Gourcy de sceller avec lui.

Par le premier, il fournit son dénombrement pour ce qu'il possédait, du chef de sa femme, « damoiselle Mariette de Goussy », en la prévôté de Conflans en Jarnisy, savoir un tiers de la seigneurie de Ville-sur-Yron, etc. (3).

Le second est le dénombrement de ce qu'il tenait en fief, également du chef de sa femme, « Mariette de Goussy », en la seigneurie de Droitaumont, prévôté de la Chaussée, savoir, le quart de la tour de Droitaumont, etc. (4).

Par le troisième, Didier reprit ce qu'il tenait à Ville-au-Pré, comme tuteur de « Fiacre de la Court », son *beau-fils* (5).

(1) *Invent. somm. des Arch. de la Meurthe*, B. 8127.
(2) Lay. *La Chaussée*, n° 104.
(3) Lay. *Conflans*, 34.
(4) Lay. *La Chaussée*, 105.
(5) Lay. *Conflans*, 32.

Le 20 février 1542, sous le scel du tabellionnage de Pont-à-Mousson, fut passé un acte constatant que « Didier Pillart, escuyer, maistre eschevin dudit Pont », et « damoyselle Mariette de Gouxy, sa femme », ont reconnu que le duc de Lorraine leur a laissé à cens perpétuel, seize arpents de bois, en un bois situé « sous les Mesnilz », appelé *la Wepverotte* (1), pour être mis en nature de pré, moyennant 3 gros par arpent, payables chaque année ; en reconnaissance de quoi, Didier et Mariette ont donné leurs lettres de contre about (2).

En 1548, dit M. Dumont « Didier Pillart, écuyer, sieur de Sorcy », était prévôt de Pont-à-Mousson (3). Le fait est confirmé, pour l'année suivante, par l'*Inventuire sommaire des Archives de la Meuse*, qui mentionne le « Compte de Didier de Pillart, écuyer, seigneur en partie de Sorcy, prévôt et gruyer de la prévôté de Pont-à-Mousson », pour les années 1549-1553, puis ceux de 1553-1556, 1558-1559, 1562-1563 (4). Les Archives de la Meurthe possèdent aussi une partie de ses Comptes, depuis 1556 jusqu'à 1569 (5). Philippe, fils de Didier, lui succéda dans ces fonctions vers 1570.

Le 30 janvier 1549, Didier de Vigneulles, écuyer, seigneur de Mesnil, fournit son dénombrement pour ce qu'il tenait en fief ès lieu, ban et finage d'Anderny, Bettainvillers, en la prévôté de Briey, et ban de Marrys.

(1) Diminutif de *Woivre, Waëpvre.*
(2) Lay. *Pont domaine* II, 77.
(3) Dumont, *Justice crim.*, p. LXXVIII.
(4) B. 995, 996, 998, 1001 (Chambre des Comptes).
(5) *Invent. somm. des Arch. de la Meurthe*, B. nᵒ 8187 à 8193.

Il pria « Didier de Pillart, escuyer, Sr de Sorcey en partie, capitaine, prévost et gruyer de Pont-à-Mousson », d'appendre son scel à côté du sien. Le sceau, en cire rouge, existe encore, assez bien conservé, au bas de l'acte (1).

« Par lettres patentes du 10 septembre 1554, le duc de Lorraine confirme l'acquisition faite par Didier de Pillart, prévôt de Pont-à-Mousson, sur Aloff de Beauvau, de la seigneurie d'*Andillier* (2) ».

Le 28 juin 1555, Philippe de Pillart fut nommé capitaine, prévôt et gruyer de Pont-à-Mousson, en remplacement de son père, que le régent, Nicolas de Lorraine, comte de Vaudémont, nomme son « cher et féal Didier de Pillard, escuyer, Sr de Sorcey en partie » ; mais il ne lui succéda réellement qu'après son décès (3).

Un acte du 4 juillet 1561 mentionne : « Didier de Pillart, escuyer, seigneur de Sorcey en partie, capitaine, prévost et gruyer du Pont-à-Mousson, l'un des gardes du scel du tabellionnage dudit Pont et de la prévosté d'illec (4) ».

Le 6 janvier 1563, Didier acquit, de Roch Richard, écuyer, certaines rentes au lieu d'Andilly. Son fils Philippe, muni d'une procuration en date du 31 mars, en fit hommage en son nom le 3 avril suivant, et l'acquisition fut confirmée, le même jour, par le duc de Lorraine. C'est ce que constate l'acte qu'on va lire, dans

(1) Lay. *Briey domaine*, 90.

(2) H. Lepage, *Communes de la Meurthe*, art. *Andilly* (Lett. pat. 1554).

(3) B. 30 (Lett. pat.).

(4) Copie du 14 janv. 1612. Lay. Fiefs divers III, n° 68.

lequel on voit Didier conserver son nom de famille, tandis que son fils y est appelé de celui de la maison de Naives.

« *Lettres de confirmation et reprinse pour Didier de Pillart, escuyer, Sr de Sorcy en partie.*

» Charles, etc. A tous ceulx qui ces présentes verront, salut. L'humble supplication et requeste de nostre amé et féal Didier de Pillard, escuyer, Sr de Sorcy en partie, prévost et gruyer de nostre ville et cité dudict Pont à Montson, avons receue, contenant que, au mois de janvier dernier passé, il auroit acquesté, pour tousjourmais, en héritage, propriété et tresfond, pour luy et ses hoirs, à Rock Richard, escuyer, Sr de la Court Bulizel et de Blénod an partie, demeurant à Lunéville, la quantité de soixante et quinze gelines ou environ, assignées sur plusieurs maisons et héritages que l'on dict à présent meiz et chenevières, scituées et assizes à Andilliers, au marquisat et ban dudict Pont, payables par chascun an à trois termes, asscavoir à Pasques, à la Sainct Martin d'hiver et à Noël, à chascun desdicts termes vingt cinq gelines, et après chacune geline quinze œufs, audict terme de Pasques tant seulement, avec six gros d'argent, payables aussy par chacun an, ledict acquest faict moyennant et pour le prix et somme de trois cens frans, monnoye de noz pays, que ledict acquesteur en a payé, comme plus amplement est contenu et déclairé èz lettres dudict acquest, faictes et passées soub le seel du tabellionnage dudict Pont, en date du sixième jour dudict mois de janvier dernier, en et parmy lesquelles ces présentes sont jointes et infixées, nous suppliant très humblement iceluy acquesteur vouloir louer, gréer, ratiffier et confirmer lesdictes lettres d'acquest, selon leur contenu, forme et teneur, et le recepvoir à reprinse, foid et hommage des rentes susdictes. Sçavoir faisons que nous, ce que dict est considéré, inclinans bénignement à ladicte supplication et requeste, après avoir faict veoir et entendre en nostre conseil lesdictes lettres d'acquest et eu sur le tout l'advis et délibération de nostredict conseil, avons icelles lettres d'acquest, cy annexées comme dict est, loué, gréé, approuvé, ratiffié et confirmé, et par ces présentes louons, gréons, approuvons, ratiffions et confirmons, le tout selon et en ensuyvant leur contenu, forme et teneur. Et en oultre, ce jourd'huy date de cestes, Philippe de Neufves, escuyer, S^r dudict lieu en partie, au nom et comme procureur spécialement fondé de lettres de procuration quant à ce dudict Didier de Pillard, acquesteur, son père, faictes et passées soub le seel dudict tabellionnaige du Pont, en datte du dernier jour de mars dernier passé, dont il a faict apparoir, a reprins de nous et nous a oudict nom faict les foy, hommage et serment de fidélité que ledict de Pillard, son père, estoit tenu nous faire dudict acquest et rentes susdictes, et généralement tous aultres droictz et revenuz qu'il a et peult avoir audict lieu d'Andilliers, mouvant en fief de nous à cause de nostre marquisat dudict Pont à Montson ; à quoy l'avons faict recepvoir par nostre très-cher et féal conseiller, chambellan et grand maistre en nostre hostel, messire Balthazar de Haussonville, chevalier, S^r dudict lieu, d'Essey, Tricquenstein, etc., saulf en tout notre droict et l'aultruy ; et luy avons faict enjoindre d'en bailler dénombrement et adveu, en nostre chambre des comptes à Bar, dedans trois moys à la dacte de cestes ; lequel terme luy avons donné et donnons de grâce spéciale, nonobstant le terme de quarante jours accoustumé du passé en tel cas, et sans préjudicier à l'advenir d'icelluy terme. Si donnons en mandement, etc. »

Nancy, 3 avril 1563 (1).

Didier devait être mort dès 1570, puisqu'à cette époque son fils lui succéda comme prévôt de Pont-à-Mousson. Il avait épousé *Mariette de Gorcy* ou *Gourcy* (2), fille de Gérard de Gourcy, seigneur de

(1) Arch. de la Meurthe, B. 41, f⁰ 126.

(2) Actes du 30 juillet 1534, du 14 août suivant, et du 20 février 1542. Dumont, *Sorcy*, p. 66 ; *Dom Pell. annoté* : anc. arbre généal. de la maison de Gourcy ; *Recueil* de Callot,

Ville-sur-Yron, Charny, etc., et de Marguerite de Failly; ces deux familles faisaient partie de la plus ancienne chevalerie du Barrois.

L'un des actes du 17 août 1534 prouve que Mariette était veuve de *N.* de la Court, dont elle avait un fils, nommé Fiacre, encore mineur à cette époque.

Le sceau de Didier Pillart, appendu à cinq actes (1), représente un écu penché à ses armes, surmonté d'un armet avec lambrequins, au-dessus duquel on voit, pour cimier, une rose, soutenue d'un croissant. La légende, inscrite en caractères gothiques minuscules sur un rouleau, porte : *S. Didier Pillart.*

Didier de Pillart et Mariette de Gourcy eurent deux enfants :

1. Philippe, qui suit ;

2. Et « Marie de Pillard, dite de Naives (2) », qui épousa « *Claude de Vigneulles*, seigneur de Ménil, Bettainviller, Anderny, etc. », appartenant à une très-ancienne famille chevaleresque ; il était fils de « Didier de Vigneulles, seigneur du Ménil, Bettainviller, la Tour, du Sart, Trieux et Landange (3) » et de « Catherine de Barisey (4). »

f. 84 ; Armor. du XVII⁰ siècle, qui donne l'orthographe « de Goussy », parfois usitée à cette époque (cf. le Dom Pell. annoté) ; et Husson-l'Escossois, *Tables généal.* (Seize quartiers de Jean Balthazar de la Tour-en-Voivre).

(1) V. les quatre actes des 30 juillet et 14 août 1534 (cire brune), et celui du 30 janvier 1549 (cire rouge).

(2) Jean Callot, *ibid.* — Cf. Dumont, *Sorcy* ; *Dom Pell. annoté*, etc.

(3) Fils de *N.* « de Vigneulles... » et de *N.* « du Haut de Sancy. »

(4) Fille de « Louis de Barisey » et de « Marguerite de la Tour-en-Voivre. »

M. Dumont, dans son ouvrage sur Sorcy (1), parle dans les termes suivants de la fille de Didier de Pillart : « Marie de Neyves fut mariée à Claude de Vigneulles, seigneur de Ménil-la-Tour, Bettainviller, Trieux et Romerange. Elle était veuve en 1513 (2), lorsque, le 28 décembre, elle donna au nom de ses enfants, Didier, Claude, Catin, Marie et Judith, leur dénombrement où l'on voit que Claude, son mari, possédait le 32ᵉ de Sorcy et Saint-Martin, indivis entre les autres seigneurs (3). » M. Dumont énumère les différents droits afférant à ce trente-deuxième de seigneurie ; il ajoute que le sort des cinq enfants de Claude de Vigneulles est ignoré, ce qui est inexact (4).

III. Philippe de Pillart, *dit* de Naives, écuyer, seigneur en partie de Sorcy, Saint-Martin, Boucq, Ville-sur-Yron, etc., capitaine, prévôt et gruyer de Pont-à-Mousson, fut le dernier mâle de sa famille.

M. Dumont dit de lui : « Philippe fut aussi, après son père, Prévôt de Pont-à-Mousson ; il se qualifiait seigneur de Sorcy et Saint-Martin, de Boucq et de Ville-sur-Yron. Dans le dénombrement qu'il donna de Sorcy en 1580, il réclame le huitième de ce bourg et le sixième de la seigneurie de Retenue. Il ajouta à ces possessions

---

(1) Page 66.

(2) Lisez : 1573.

(3) V. Arch. de la Meurthe, B. 43, f. 151, et Cartul. Pont fiefs, f. 374 ; Dumont, *Ruines*, t. III, p. 111 ; H. Lepage, *Communes*, I, 31.

(4) Le *Dom Pell. annoté* ajoute que Mario épousa, en secondes noces, *N.* des Armoises de Hannoncelle. C'est une confusion avec sa nièce Antoinette.

la part valant 6750 fr. achetée à Guillaume d'Orio-
court, seigneur d'Aulnois, maître de l'hôtel de l'Evêque
de Metz, acquéreur lui-même de M. de Trace, dit
Verdelet (1) ».

Le 28 juin 1555, Philippe fut nommé capitaine prévôt
et gruyer de Pont-à-Mousson, en remplacement de son
père, mais il ne lui succéda que plus tard (2).

Sous l'an 1560, M. Dumont mentionne « Marie et
Philippe de Neyves ».

Le 3 avril 1563, « Philippe de Neufves, escuyer, S^r
dudit lieu (3) », fit hommage, au nom de son père, pour
quelques rentes récemment acquises à Andilly (4).

Au lieu de Loisy, existait « une accrue d'eau contenant 26 arpents, dite le Saucy Lambert », qui, en
1564, fut ascensée « à Philippe de Naives, prévôt de
Pont-à-Mousson, moyennant 2 francs de redevance
annuelle (5) ».

Le 3 avril 1567, à Nancy, le duc Charles reçut l'hommage de son « amé et féal Philippe de Nayves, escuyer,
demeurant au Pont-à-Mousson », alors marié à « damoiselle Royne de Bibanges », pour ce qu'il possédait,
sans doute du chef de sa femme, à *Andernay* (6).

(1) Dumont, *Sorcy*, p. 67.

(2) V. le paragraphe précédent.

(3) Peut-être Philippe possédait-il alors, du chef de sa
mère, quelques biens à Naives ; peut-être aussi cette formule
« S^r dudit lieu » n'a-t-elle aucune importance.

(4) V. l'art. de Didier.

(5) H. Lepage, *Communes*, t. I. p. 611 (lay. *Pont
additions*).

(6) B. 41, f° 127 v°. Lisez : Anderny.

Philippe succéda à son père, dans la charge de prévôt de Pont-à-Mousson, en 1570 ; il la conserva jusque vers 1600 (1), époque probable de sa mort. Dans le premier compte qu'on a de lui, il se qualifie : « Philippe de Nefves, écuyer, seigneur de Sorcy en partie, prévôt et gruyer de Pont-à-Mousson (2) ».

Le 9 octobre 1571, par acte passé sous le scel du tabellionnage de Pont-à-Mousson, « honoré Sr Nicolas de Preney, escuyer, demeurant à Luxembourg, » vendit à « Phelippe de Nefve, dit de Pillart, escuyer, Sr de Sorcey, Saint-Martin, Bouch en partie, capitaine, prévost et gruyer du Pont-à-Monsson », et à « damoyselle Royne de Bubanges », sa femme, quatorze quartes et demie de blé et autant d'avoine, de rente annuelle, sur la recette du Domaine de Pont-à-Mousson, pour le prix de 1,000 francs (3).

Le 6 novembre 1571, le duc Charles III confirme l'acquisition faite, le 2 mars précédent, par Philippe de Nayves, prévôt de Pont-à-Mousson, sur Jean de Mousson et sa femme, Barbe de Noiregoutte, d'un gagnage, dit le Grand-Gagnage, situé au ban de Mousson, moyennant le prix de 1,000 francs. Dans l'acte, Philippe est dit fils de « Didier de Pillart » (4).

(1) V. *l'Invent. somm. des Arch. de la Meuse*, B. nº 1006 à 1013 (de 1570 à 1598), et celui des *Arch. de la Meurthe*, B. nº 8194 à 8206 (de 1572 à 1599).

(2) *Invent. somm. des Archives de la Meuse*, B. 1006, (années 1570-1571). — Au nombre des prévôts de Pont-à-Mousson, M. Dumont cite, en 1571, « Philippe de Naives dit du Pillard, écuyer, seigneur de Sorcy » (*Justice crim.* t. I. p. lxxviii).

(3) Lay. *Pont. dom.* I, 20.

(4) B. 41, fº 131 vº. Cf. H. Lepage, *Communes*, t. II, p. 81.

Lors de la rédaction des Coutumes générales, faite à Saint-Mihiel, en 1571, « Philippe de Naives » était présent, tant en son nom qu'en celui d'autres nobles, ainsi désignés dans le procès-verbal : « Les Sieurs de Malavillers, par Philippes de Nayves », puis, « les Sieurs d'Andilliers, par Claude de Vigneulles et Philippe de Naives, Sieurs dudit Andillers en partie (1) ».

Dans son compte pour l'année 1572-1573, ce dernier se qualifie : « Philippe de Nefves, dit de Pillart, écuyer, capitaine, prévôt et gruyer de Pont-à-Mousson (2) ».

Le 14 août 1573, « Philippe de Nefves, escuier, Sr de Sorcy, Sainct Martin, Bouch et Ville sur Iron en partie, etc., capitaine, prévost et gruyer de Pontamousson » fournit son dénombrement pour ce qu'il tient en fief et hommage du duc Charles III au lieu d'Anderny (3).

Dans un acte du 17 novembre suivant, le même se nomme et qualifie : « Philippe de Nefves, dit de Pillart, escuier, Sr de Sorcy, Saint Martin, Bouch en partie, cappitaine, prévost et gruyer du Pontamousson (4) ».

On a un dénombrement de la terre d'Andilly, donné, en 1573, « par Philippe de Nayves et Marie de Nayves, veuve de Claude de Vigneulles » (5).

(1) *Coutumes du bailliage de Saint-Mihiel*, Metz, 1698.

(2) *Inven. somm. des Arch. de la Meurthe*, B. n° 8194.

(3) Cartul. *Pont fiefs*, f° 438 ; Cf. : Dufourny, VI, 37 ; Dumont, *Ruines*, III, 111 ; Lepage, *Communes*, I, 31.

(4) *Ibid.*, f° 233 v°. (Reprises de Blénod par Marguerite d'Einville), Cf. *ibid.*, f° 258, v°, et plusieurs autres titres de la même époque, mentionnant ces qualités.

(5) Lepage, *Communes*, t. I, p. 31 ; Dufourny, t. VI, page 737. — Cf. l'art. de Marie, sœur de Philippe.

On lit dans le *Journal de Lorraine* : « Philippe de Naives, Ecuyer, Prévost du Pont-à-Mousson, eut procès le 4 Mai 1589, contre honoré Seigneur Hartard de Palaut, Seigneur de Varize (1). »

Dans le Compte pour l'année 1589-1592, le même s'intitule : « Philippe de Nefves, dit du Pillart, écuyer, seigneur de Sorcy-Saint-Martin et Boucq en partie, capitaine, prévôt et gruyer de Pont-à-Mousson (2). »

On trouve encore, en 1593, mention de « Philippe de Neufve, écuier, seigneur de Sorcy-Saint-Martin, prévôt du Pont (3) », et, en 1599, de « Philippe de Naives, capitaine-prévôt de Pont-à-Mousson » (4).

Le 29 janvier 1599, Antoine de Gourcy, écuyer, fournit son dénombrement pour les seigneuries de Charrey et de Ville-sur-Yron ; il prie et requiert « Philippes de Nefves, escuyer, seigneur de Sorcey, Saint Martin et Bouc en partie, capitaine, prévost et gruyer du Pont, » de vouloir sceller l'acte avec lui (5). — Le sceau de Philippe, encore appendu à l'original, est rond, en cire brun-verdâtre ; il représente un écu, surmonté d'un armet, avec ses lambrequins, et, pour cimier, un cygne ; les armes de la famille sont bien reconnaissa-

(1) *Journal de Lorraine et Barrois*, année 1778, partie des hypothèques, p. LXIX. Au lieu de *Palaut*, lisez *Palant*.

(2) *Invent. somm. des Arch. de la Meuse*. B. 1012. Dans le compte suivant, 1595-1598, le dernier qu'on ait de lui, il prend les mêmes qualifications (*Ibid.*, B. 1013).

(3) Dufourny, *Table*, renvoyant au t. VI, p. 326.

(4) *Ibid.*, renv. au t. X, p. 8.

(5) Lay. *Longuyon* III, nº 8 ; la date a été corrigée ; Dufourny, t. VIII, p. 282, indique l'année 1600. Le dénombrement fut reçu le 6 février 1600.

bles sur l'écu, à l'exception des roses, devenues indis-
tinctes. La légende porte: S. [P]HELLIP... NEFVE.

On lit encore dans le *Journal de Lorraine :* « Philippe de Naives, dit de Pillart, Ecuyer, Seigneur de
Soroy (1), Saint-Martin, Bouc en partie, était Prévost
de Pont-à-Mousson en 1600 (2). »

Il mourut vers cette époque, et eut pour successeur,
dans ses fonctions, son gendre, Bernard de la Tour (3).

Philippe fut marié deux fois ; il paraît avoir épousé
successivement (4) « Anne d'Auvesne (5), fille de Simon
d'Auvesnes et de Claude de Durault » (6), puis « Reine
de Beuvange (7), Dame d'Andernay (8), mouvant de
Sancy (9) ». Du premier mariage, il paraît n'avoir eu

(1) *Sic.* Lisez *Sorcy*.

(2) *Journal de Lorraine*, 1778, partie des hypoth.,
p. xcix.

(3) V. plus loin.

(4) Dom Calmet dit que Reine de Beuvange était la seconde femme de Philippe ; il ne nomme pas la première.

(5) Husson, *ibid*. — Le *Dom Pell. annoté* dit : « Dauuenes » ; c'est évidemment ce nom que Laîné a écrit «d'Avesnes. »

(6) Husson, *ibid*. — Dans un autre nobiliaire du xviie
siècle, nous lisons : « Symon Dauuenes » et « Claude Hurault. »

(7) Laîné, *ibid.*, cite aussi ce nom parmi les alliances de
la famille. V., pl. haut, l'acte du 3 avril 1567 : « Royne de
Bibanges », et celui du 9 oct. 1571, « Royne de Bubanges ».

(8) Anderny, canton d'Audun-le-Roman (Moselle).

(9) Dumont, *ibid.*, p. 68. Dom Calmet, *Hist. de Lorr.*,
2e éd., t. V, col. clxxvi.

qu'une fille, nommée Marie, et, du second, une autre fille, appelée Antoinette (1).

1. Marie, fille de Philippe de Naives et d'Anne d'Auvesnes, épousa *Bernard de la Tour*, seigneur de Jeandelize, Puxe, etc. (2), fils d'Ancherin de la Tour et de Barbe de Saint-Vincent. Il appartenait à la grande maison de la Tour-en-Voivre, et portait: *de gueules à six léopards d'or, couronnés, posés 2, 2 et 2, et affrontés* (3).

Marie paraît avoir reçu en partage ce que ses parents possédaient à Andilly et Ville-sur-Yron.

Bernard avait, dès 1600, succédé à son beau-père dans la charge qu'il exerçait. Dans le Compte de cette année, il s'intitule : « Bernard de la Tour, seigneur de

---

(1) M. Dumont, *ibid.*, p. 68, en cite une autre, qu'il nomme la première : « Jeanne, mariée à Christophe de Stainville, demeurant à Sallemagne. » Mais, comme ces deux personnes vivaient tout au commencement du xviᵉ siècle, on doit croire que Jeanne appartenait à la vieille famille de Naives, et que c'est elle qui avait épousé, en premières noces Roger de Marcey (Dumont, p. 43). En effet, M. Dumont (*ibid.*) nous apprend qu'en 1503, Jean de Frontenay acheta une terre « à Christophe de Stainville et à Jeanne de Neyves » ; puis, à la page suivante, il mentionne une vente faite, en 1510, par « un Christophe de Stainville et Jeanne sa femme se qualifiant seigneurs de Sorcy en partie. »

(2) Armor. du xviiᵉ siècle. Husson, *Tables*, etc., nomme ces deux personnes : « Marie de Pillart de Naives » et « Bernard de la Tour-en-Voivre ».

(3) Husson, *ibidem*. D'après le *Simple crayon* du même, et l'armorial précité du xviiᵉ siècle, Bernard aurait appartenu à la branche qui portait : de sable à la fasce d'argent, accompagnée de 3 pattes de lion, etc. On sait qu'il y eut dans la Maison de la Tour-en-Voivre plusieurs modification d'armoiries.

Puxe et de Jandelise en partie, gentilhomme de S. A., capitaine, prévôt et gruyer de Pont-à-Mousson (1) ».

« Le 16 mai 1612, Bernard de la Tour, seigneur de Puxe, à cause de Marie de Nesves, sa femme, donne son dénombrement au duc de Lorraine pour le tiers des grosses et menues dîmes d'Eston (Hatton), avec la collation de la cure à elle obtenue par le décès de Philippe de Nesves, son père (2) ».

En la même année, Marie, « fille de Philippe de Naives, femme de Bernard de la Tour, reprend en fief partie de la seigneurie d'Andillier et de Ville-sur-Iron, etc. (3) ».

Un titre de 1626 « nous apprend que les Jésuites de Pont-à-Mousson possédaient, sur le ban des Ménils, quelques héritages dont ils avaient fait l'acquisition sur Marie de Nefves, femme de Bernard de la Tour (4) ».

L'unique fille et héritière de Bernard et de Marie, « Magdeleine de la Tour », épousa « Jacques de la Tour », fils d' « Arnould de la Tour, sieur d'Affléville », et de « Barbe des Armoises » (5).

2. « ANTOINETTE de Nayves » épousa *Paul des Armoises*, sieur de Hannoncelles, second fils de Thiederic des Armoises et de Marguerite de Chamissot (6).

(1) *Invent. somm. des Arch. de la Meuse*, B. 1014.

(2) H. Lepage, *Communes*, t. I, p. 53 ; Tr. des ch., lay. *Fiefs et dénombr.*

(3) Dufourny, *Table*, renvoyant au t. VI, p. 330, 331.

(4) H. Lepage, *ibid.*, t. I, p. 583 ; Tr. des ch., lay. *Pont Ecclésiastiques.*

(5) Husson-l'Escossois, *Tables généal.*

(6) Husson, *Simple crayon*, art. *Des Armoises de Hannoncelles*. Cf. Dom Calmet, *ibidem*, qui nomme, par erreur « Antoinette Pittart *(sic)*, dite de Neyves », etc.

M. Dumont la mentionne dans les termes suivants :
« Antoinette, mariée à Paul Desarmoises, seigneur de
Hannoncelle et Rembercourt-sur-Mad, qui obtint
rémission pour la mort de M. d'Ourches, son beau-
frère, qu'il était soupçonné d'avoir assassiné. On peut
croire qu'il s'agissait d'un simple duel. — Antoinette
de Neyves, épouse Desarmoises, mourut le 3 juillet
1603 (1). » Cette date est en désacord avec l'épitaphe
qu'on va lire.

La famille des Armoises, très ancienne et considé-
rable, était, on le sait, venue, au xive siècle, de la
Champagne, s'établir dans le Barrois (2), où elle
forma plusieurs branches.

Le 29 janvier 1603, « Paul des Armoises, Seigneur
de Rembercourt-sur-Maix, au nom de Philippe des Armoises, son fils, fait ses reprises pour les Seigneuries
de Sorcy, S. Martin, Bouc mouvant de Foug, et pour
Anderney mouvant de Sancy, la Cour en Hayes, Mousson
et Estron (3) mouvant du Pont-à-Mousson, à lui adve-
nus par le décès de Philippe de Néves, ou Neyves, son
ayeul. — Le 16 février 1612.., il fit ses reprises comme
Tuteur paternel de Philippe des Armoises , son fils, et
de feue Antoinette de Néves, ou Naives, sa femme (4). «

Antoinette fut inhumée, avec l'une des femmes de son
fils, Philippe, dans l'église d'Aulnois, près d'Hannoncelles, où un même tombeau leur fut élevé. Nous allons
reproduire les deux épitaphes, ainsi que les vers qui les

(1) Dumont, *ibid.*, p. 68.
(2) Voy. H. Vincent. *La Maison des Armoises*, dans les
Mém. de la Soc. d'Arch., lorr. de 1877.
(3) *Eston*, Haïton?
(4) Dom Calmet, *ibidem*.

accompagnaient. D'après ce morceau, qu'il faut lire avec attention pour le bien comprendre, les deux femmes décédèrent au bout de trois années de mariage, et avaient eu chacune deux enfants, dont l'un survivant et l'autre mort au berceau ; c'est sans doute peu après la naissance de ces derniers enfants que succombèrent leurs mères.

Les inscriptions funéraires ont été imprimées dans l'*Almanach de la Meuse*, de 1866 (1), d'où nous extrayons ce qui suit :

« Consacrons quelques lignes à la description d'un monument remarquable, exécuté dans le goût de ceux que l'on avait coutume d'élever, à cette époque, en Lorraine, spécialement dans les villes. Deux niches, pratiquées dans le mur, renferment deux statues de femmes agenouillées. Leur costume est celui du xviie siècle. Un tout jeune enfant est debout, emmaillotté, à côté de chacune d'elles. Les pilastres, qui accompagnent les niches, sont ornés d'armoiries et surmontés d'un fronton formant une sorte de second monument dans l'intérieur duquel est gravé une légende en vers...

D'un monument commun, deux moitiés sont couvertes,
Ce sont celles d'un père et d'un fils plains de deuil,
Si conformes entre eux, que même le cercueil
Ne les a pas rendus differens en leurs pertes.

Après avoir ensemble escoulé trois années,
Tous deux esgaux en age et pareil en amour,
Combien qu'en divers temps, veirent un même jour
Dissouldre par la mort leurs chastes himenées.

(1) Troisième partie, p. 29-40 : C. de B., *Documents inédits sur la famille des Armoises*.

De l'un et l'autre sexe, en chasque mariage,
Deux enfants sont sortis, deux desquels sont vivans.
Des autres deux, esteins au berceau de leurs ans,
Leurs mères, sous la tombe, emportent le partage.

Ainsy ces accidens ont tasché de les rendre,
Par l'amour et la mort, seuls semblables à eux ;
Et comme esgalement, ils ont aymé leurs feux,
D'une esgalle tristesse, ils en pleurent la cendre.

» Le père et le fils dont il est parlé dans ces vers sont Paul et Philippe des Armoises, d'après ces épitaphes :

CY DEVANT GIST HONORÉE DAME,

MADAME ANTHOINETTE DE NAYVE,

JADIS ESPOUSE D'HONORÉ SEIGNEUR

MESSIRE PAUL DES HERMOISES,

CHEVALIER, SEIGNEUR D'HANNONCELLES

LAQUELLE MOURUT LE 26 MAI 1602.

CY DEVANT GIST HONORÉE DAME,

MADAME MAGDELEINE DE GOURCY,

JADIS ESPOUSE D'HONORÉ SEIGNEUR

MESSIRE PHILIPPE DES HERMOISES,

CHEVALIER, SEIGNEUR D'ANDERNAY,

SORCY, SAINT-MARTIN, AULNOIS,

VERDUZEY ET BOUCQ,

LAQUELLE MOURUT LE 10 JUIN 1628 (1). »

(1) « La révolution de 89, qui poursuivit les nobles outre-tombe, enleva ces deux épitaphes. Elles existent pour mémoire dans les papiers de la famille d'Hannoncelles. »

APPENDICE

—

LA MAISON DE NAIVES

—

La maison de Naives, dont le nom fut repris par la famille Pillart, apparaît, dans la seigneurie de Sorcy, au commencement du xive siècle ; elle s'éteignit, comme il a été dit, dès le début du xvie. Cette maison ne doit pas être confondue avec plusieurs autres dont les noms se rapprochent du sien ; nous en citerons quelques-unes.

1. La plus ancienne paraît avoir disparu en la personne de « Collette, dame de Naives », qui, vers 1185, épousa « *Raimond de Briey*, Ier du nom, chevalier » ; tous deux vivaient encore en 1220 (1).

2. Une nouvelle maison, du même nom, descendit de Jean de Briey, chevalier, second fils de Raimond et de Collette, qui précèdent. Son dernier représentant, mort vers 1349, fut Jean de Naives, chevalier, châtelain de Conflans, dont il existe un grand nombre d'actes ; il portait *trois pals* pour armoiries (2).

3. D'après l'Inventaire de Dufourny, Jean de Naives,

(1) Lainé, *Maison de Briey*, p. 49, deg. V.

(2) *Idem*, et Dufourny, X, 307. La maison de Briey porte : *d'or, à trois pals alésés et fichés de gueules.*

bailli de Saint-Mihiel de 1341 à 1345, portait : *un lion passant, l'écu semé de billettes* (1).

4. Une famille DE NAVES, qui habitait le Barrois, portait, selon les uns, *d'azur à six rectangles oblongs d'or, 2, 2 et 2* (2), et, selon d'autres, *de gueules, à six tablettes d'or, 2, 2 et 2* (3). Elle s'allia, au XVIe siècle, à la famille du Lys, et en plaça les armes au *chef* des siennes (4).

5. Une autre famille DE NAVES, que nous croyons originaire de Marville (5), passa, à la fin du XVe siècle, dans le duché de Luxembourg, où plusieurs de ses membres s'élevèrent à des positions éminentes ; elle portait : *De sable à trois fasces d'or, au pal de sable, bordé de chaque côté d'un filet d'or, brochant sur le tout ;* cimier : *une tête de taureau de sable, accornée d'or, les narines percées d'un annelet de même* (6). Elle s'éteignit, probablement, au commencement du XVIIe siècle.

6. Enfin une famille DE NAVES, originaire de Belgique, et anoblie par le roi Philippe IV, en 1647, portait : *d'azur à une fasce ondée d'argent* (7).

———

(1) Dufourny, X, 430.

(2) Dom Pelletier annoté.

(3) E. de Bouteiller et G. de Braux, *La famille de Jeanne d'Arc*, p. 281.

(4) *Ibidem*, p. 96 et 281.

(5) Elle était certainement originaire du Barrois.

(6) Aug. Neyen, *Biographie luxembourgeoise*. Nous préparons un travail généalogique sur cette famille.

(7) Aug. Neyen, *ibid.*, t. II, p. 7.

La généalogie de la maison DE NAIVES, de Sorcy, reste encore à dresser ; M. Dumont (1) a parlé de la plupart de ses membres, mais sans chercher à établir exactement leur filiation. D'après le sceau de Miles I, les armoíries, restées incónnues jusqu'à ce jour, seraient : *de..... à la bande* (2).

M. Dumont donne, pour premier auteur de cette maison, *Mille de Neyves*, vivant en 1321, qui, ajoute-t-il, était, « à ce que l'on croit », fils de *Husson de Sorcy*. Il faut, apparemment, ranger ce dernier au nombre des enfants d'*Eudes VII de Sorcy* ; la famille à laquelle il appartenait devait être une branche de la maison de *Maxey* (3), greffée sur celle de Sorcy, dont quelques branches ont pu survivre collatéralement ; il semble, en effet, qu'*Eudes VII* descendait directement, à six générations de distance, de *Hugues de Marzey* (4), gendre d'*Arnulphe de Sorcy*, vivant vers 1160.

D'après l'histoire de Sorcy de M. Dumont, et les titres que nous avons pu étudier, voici comment il semble qu'on doit, provisoirement, établir la généalogie de la maison de Naives :

I. MILES Ier, chevalier, seigneur de Sorcy en partie, vivant de 1321 à 1362 ; il paraît avoir épousé *N.*, sœur et héritière de Gérard, sire *de Boucq*, dont il eut :

1. JEAN Ier, qui suit ;

---

(1) *Ruines*, t. IV. Nous préparons un travail généalogique plus complet sur cette famille.

(2) Arch. de la Meurthe, lay. *Commercy* I, 63.

(3) *Maxey-sur-Vaise* ou *Maxey-sur-Meuse*.

(4) L'une des formes anciennes du nom de *Maxey*.

2. FERRI Ier, sire de Boucq en partie, vivant en 1375 ;

3. MAHAUT, femme de *Colard de Foug*, chevalier, nommée en 1390 et 1408 ;

4. Et *N.*, mariée à *Guillaume de Sampigny.*

II. JEAN Ier, chevalier, sire de Sorcy, Boucq, Gondrecourt et Demange-aux-Eaux, en partie, vivant de 1350 à 1397 ; il épousa *Marie*, fille de Viard *de Houdelaincourt*, dont il paraît avoir eu :

1. MILES II, qui suit ;

2. HENRI (?), témoin en 1404 ;

3. RÉGNIER, vivant vers 1422 ;

4. Et ANNE, citée en 1397.

III. MILES II, chevalier, sire de Sorcy et de Boucq en partie, vivant de 1408 à 1425. Il paraît avoir épousé *Hellevy*, fille de Thomas *d'Apremont*, ramariée à Henri de Pintheville, et fut, sans doute, le père de :

1. JEAN II, qui suit :

2. ALARDE, mariée à *Gérard de Walomey*, avec qui elle vivait en 1441 ;

3. Et CATHERINE, qui épousa *Jean de Mandres*, seigneur de Fontenoy ; elle vivait avec lui en 1446.

IV. JEAN II, seigneur de Sorcy et de Boucq en partie, vivant de 1428 à 1457 ; on ignore son alliance. Il paraît avoir eu pour enfants :

1. FERRI, qui suit ;

2. AMÉ, écuyer, seigneur de Boucq en partie, en 1480 ;

3. Et Jeanne, qui épousa *Jean de Frontenay*, dit *Féron ;* tous deux vivaient en 1501.

V. FERRI II, seigneur de Sorcy en partie, existait vers 1500 ; il épousa *Marguerite de Baudricourt* (Dumont) ; il semble que Ferri n'eut que trois filles :

1. Diane, citée par M. Dumont ;

2. Anne, dame de Sorcy, Saint-Martin et Boucq en partie, qui épousa *Poincillon Pillart*, prévôt de Pont-à-Mousson ;

3. Et Jeanne, dame de Sorcy en partie, mariée 1° à *Roger de Marcey*, dont elle était veuve en 1501, et 2ᵛ à *Christophe de Stainville*, avec qui elle vivait en 1503 et 1510.

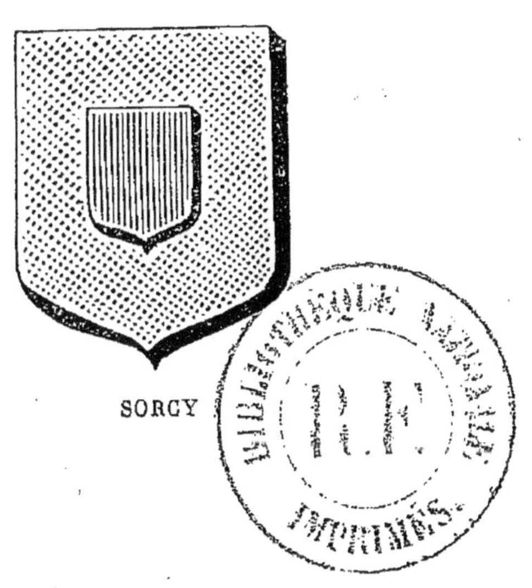

SORCY